`AF175696`

Impressum
Verlag: BABADADA GmbH, Nedderfeld 112 , 22529 Hamburg
Geschäftsführer / Verlagsleitung: Harald Hof
Druck: Books on Demand GmbH, In de Tarpen 42, 22848 Norderstedt

Imprint
Publisher: BABADADA GmbH, Nedderfeld 112 , 22529 Hamburg, Germany
Managing Director / Publishing direction: Harald Hof
Print: Books on Demand GmbH, In de Tarpen 42, 22848 Norderstedt

мактаб

el colegio

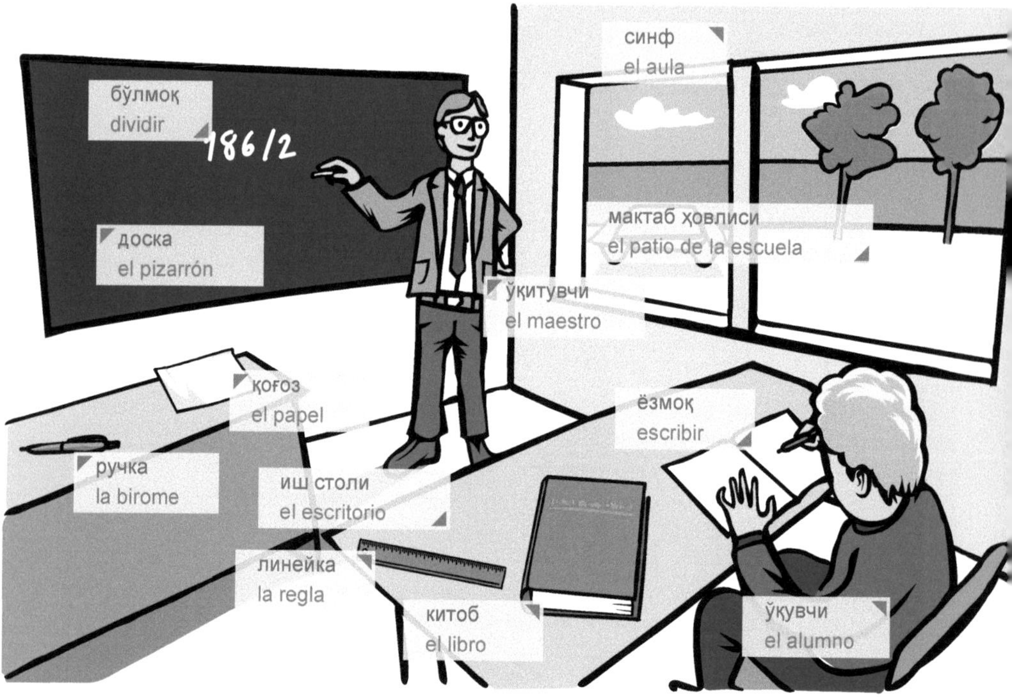

синф
el aula
бўлмоқ
dividir
186/2
доска
el pizarrón
мактаб ҳовлиси
el patio de la escuela
ўқитувчи
el maestro
қоғоз
el papel
ёзмоқ
escribir
ручка
la birome
иш столи
el escritorio
линейка
la regla
китоб
el libro
ўқувчи
el alumno

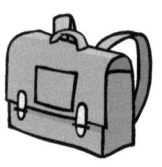

осма сумка

la mochila

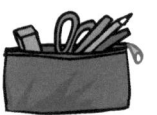

қаламдон

la caja de lápices

қалам

el lápiz

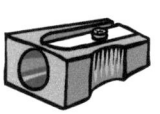

қалам учлагич

el sacapuntas

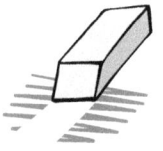

ўчиргич

la goma (de borrar)

расм албоми

el bloc de dibujo

чизмачилик
el dibujo

бўёқ чўтка
el pincel

бўёқдон
la caja de pinturas

қайчи
la tijera

елим
el pegamento

машғулот дафтари
el cuaderno de ejercicios

уй иши
la tarea

рақам
el número

қўшмоқ
sumar

айирмоқ
restar

кўпайтирмоқ
multiplicar

ҳисобламоқ
calcular

хат
la letra

алифбо
el abecedario

сўз
la palabra

матн

el texto

ўқимоқ

leer

бўр

la tiza

дарс

la lección

журнал

el cuaderno de clase

имтиҳон

el examen

гувоҳнома

el certificado

мактаб формаси

el uniforme escolar

таълим

la educación

қомус

la enciclopedia

олийгоҳ

la universidad

микроскоп

el microscopio

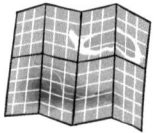

харита

el mapa

урна

el tacho (de basura)

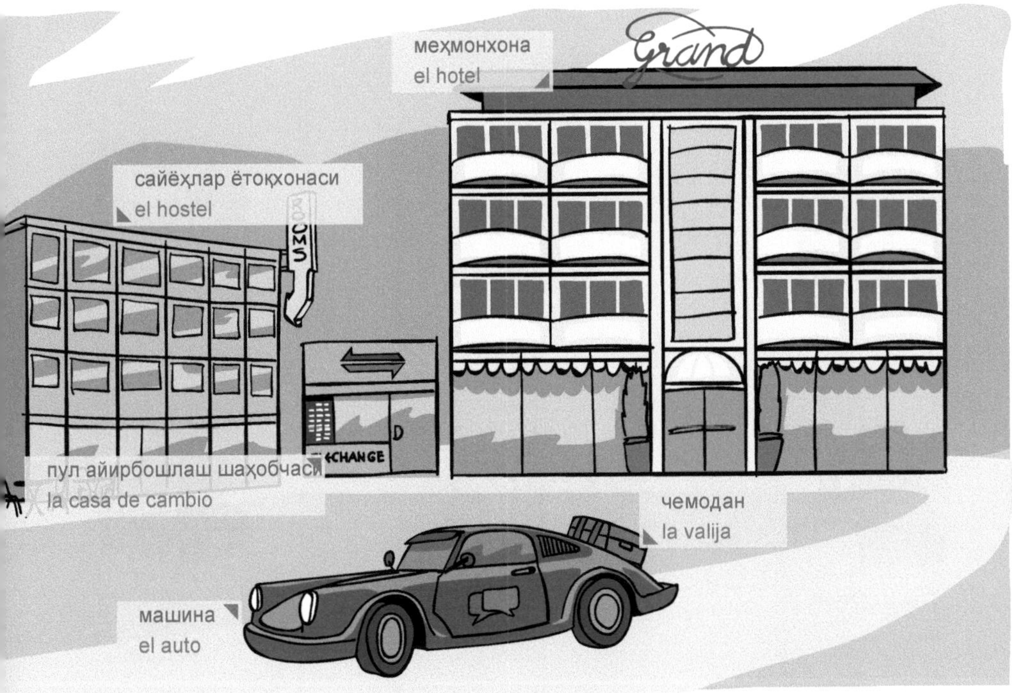

меҳмонхона
el hotel
Grand
сайёҳлар ётоқхонаси
el hostel
ROOMS
EXCHANGE
пул айирбошлаш шаҳобчаси
la casa de cambio
чемодан
la valija
машина
el auto

тил
el idioma

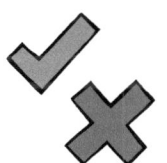

ҳа / йўқ
sí / no

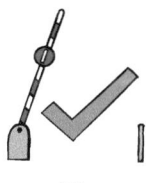

Хўп
Está bien

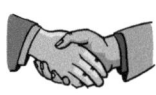

салом
hola

таржимон
el traductor

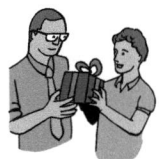

Раҳмат
Gracias

неча пул...?

¿cuánto cuesta...?

Тушунмадим

No entiendo

муаммо

el problema

Хайрли кеч!

¡Buenas tardes!

Хайрли тонг!

¡Buenos días!

Хайрли тун!

¡Buenas noches!

кўришгунча

el adiós

йўналиш

la dirección

йўловчи юки

el equipaje

сафархалта

el bolso

юк халта

la mochila

меҳмон

el invitado

хона

la habitación

уйқуқоп

la bolsa de dormir

чодир

la carpa

саёҳларга маълумот
бериш столи
la información turística

пляж
la playa

омонат карта
la tarjeta de crédito

нонушта
el desayuno

нонушта
el almuerzo

кечки овқат
la cena

чипта
el pasaje

лифт
el ascensor

марка
el sello

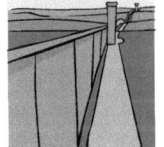

чегара
la frontera

божхона
la aduana

элчихона
la embajada

виза
la visa

паспорт
el pasaporte

транспорт

el transporte

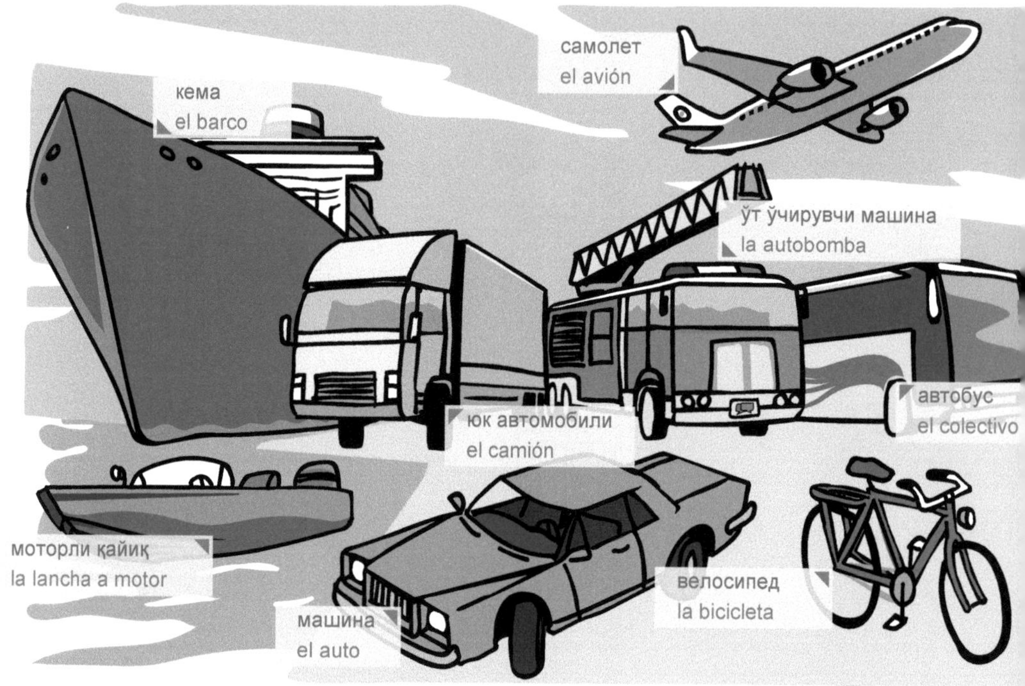
самолет
el avión
кема
el barco
ўт ўчирувчи машина
la autobomba
автобус
el colectivo
юк автомобили
el camión
моторли қайиқ
la lancha a motor
велосипед
la bicicleta
машина
el auto

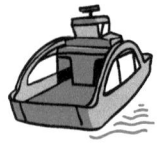

солсимон ясси кема

el ferry

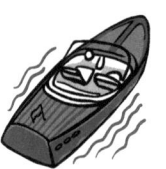

қайиқ

el bote

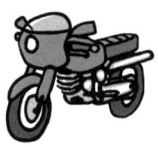

мотоцикл

la moto

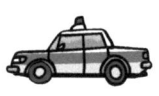

посбон машинаси

el patrullero

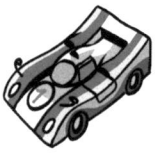

пойга машинаси

el auto de carreras

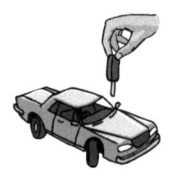

ижарага олинган автоулов

el auto de alquiler

автоижара

el alquiler de autos

шатакка олувчи юк
автомобили

la grúa

ахлат машинаси

el camión de la basura

мотор

el motor

ёқилғи

la nafta

ёқилғи қуйиш шаҳобчаси

la estación de servicio

йўл белгиси

la señal de tránsito

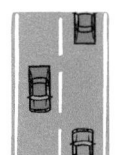

йўл ҳаракати

el tránsito

тирбанд

el embotellamiento

втомобил тўхтаб туриш
жойи

el estacionamiento

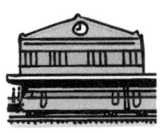

поезд бекати

la estación de tren

рельс

las vías

поезд

el tren

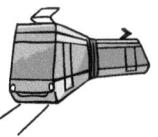

трамвай

el tranvía

вагон

el vagón

вертолёт

el helicóptero

аэропорт

el aeropuerto

минора

la torre

йўловчи

el pasajero

контейнер

el contenedor

қоғоз қути

la caja de cartón

аравача

la carretilla

сават

la canasta

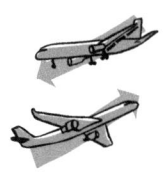

учмоқ / қўнмоқ

despegar / aterrizar

шаҳар
la ciudad

қишлоқ

el pueblo

шаҳар маркази

el centro de la ciudad

уй

la casa

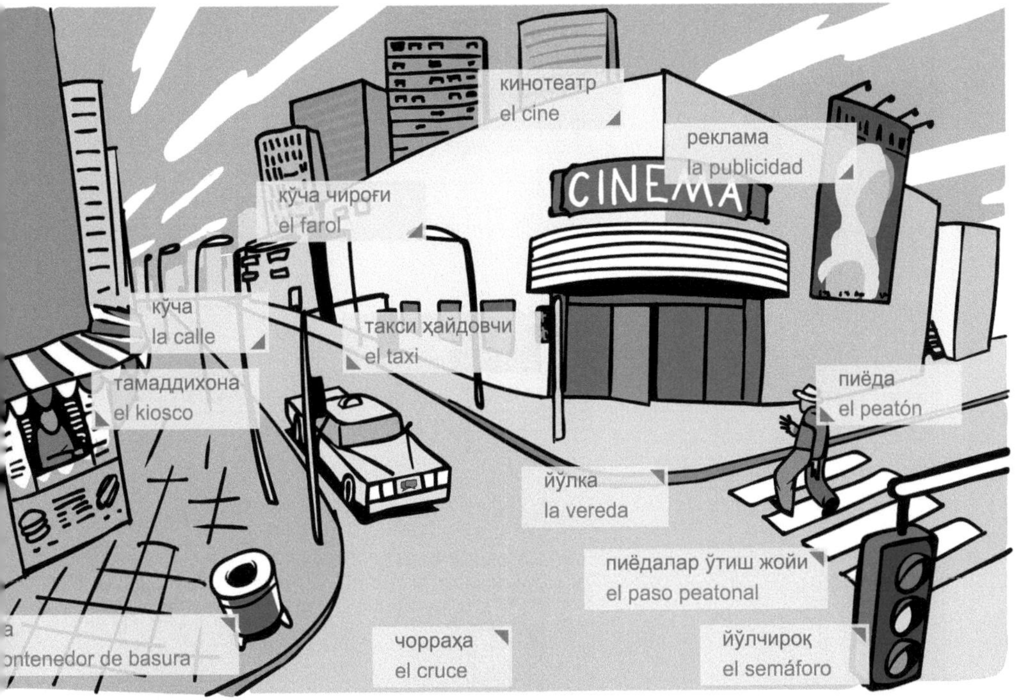
кинотеатр
el cine
CINEMA
реклама
la publicidad
кўча чироғи
el farol
кўча
la calle
такси ҳайдовчи
el taxi
тамаддихона
el kiosco
пиёда
el peatón
йўлка
la vereda
пиёдалар ўтиш жойи
el paso peatonal
a
ontenedor de basura
чорраҳа
el cruce
йўлчироқ
el semáforo

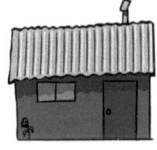

кулба

la cabaña

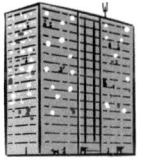

квартира

el departamento

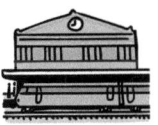

поезд бекати

la estación de tren

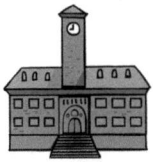

маҳаллий ҳокимият биноси

la municipalidad

MUSEUM

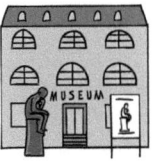

музей

el museo

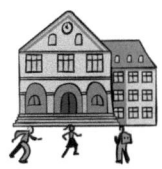

мактаб

el colegio

олийгоҳ

la universidad

банк

el banco

шифохона

el hospital

меҳмонхона

el hotel

дорихона

la farmacia

идора

la oficina

китоб дўкони

la librería

дўкон

el negocio

гул дўкони

la florería

супермаркет

el supermercado

бозор

el mercado

универмаг

las grandes tiendas

балиқ дўкони

la pescadería

савдо маркази

el centro comercial

бандаргоҳ

el puerto

истироҳат боғи

el parque

банк

el banco

кўприк

el puente

зинапоя

las escaleras

метро

el subte

ер ости йўли

el túnel

автобус бекати

la parada del colectivo

бар

el bar

ресторан

el restaurante

почта қутиси

el buzón

кўча ёзув осма тахтаси

el letrero

тўхтаб туриш вақтини ҳисоблагич

el parquímetro

ҳайвонот боғи

el zoológico

бассейн

la pileta

масжид

la mezquita

чорвачилик хўжалиги

la granja

атроф-муҳит ифлосланиши

la contaminación

қабристон

el cementerio

ибодатхона

la iglesia

болалар ўйингоҳи

los juegos infantiles

эҳром

el templo

манзара

el paisaje

![paisaje]

япроқ
la hoja

йўлкўрсатгич
el poste indicador

йўл
el camino

ўтлоқ
la pradera

тош
la piedra

пиёда сайёҳ
el excursionista

дарахт
el árbol

дарё
el río

майса
la hierba

гул
la flor

водий
el valle

қир
la montaña

кўл
el lago

ўрмон
el bosque

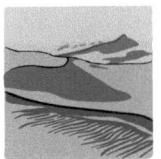

чўл
el desierto

вулкан
el volcán

қалъа
el castillo

камалак
el arco iris

қўзиқорин
el champiñón

пальма дарахти
la palmera

пашша
el mosquito

чивин
la mosca

чумоли
la hormiga

асалари
la abeja

ўргимчак
la araña

қўнғиз

el escarabajo

қурбақа

la rana

олмахон

la ardilla

типратикон

el erizo

қуён

la liebre

укки

la lechuza

қуш

el pájaro

оққуш

el cisne

эркак чўчқа

el jabalí

буғу

el ciervo

бутоқ шохли кийик

el alce

тўғон

la presa

шамол генератори

el aerogenerador

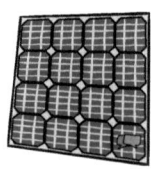

қуёш батареяси

el panel solar

иқлим

el clima

ресторан
el restaurante

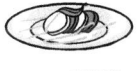

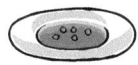

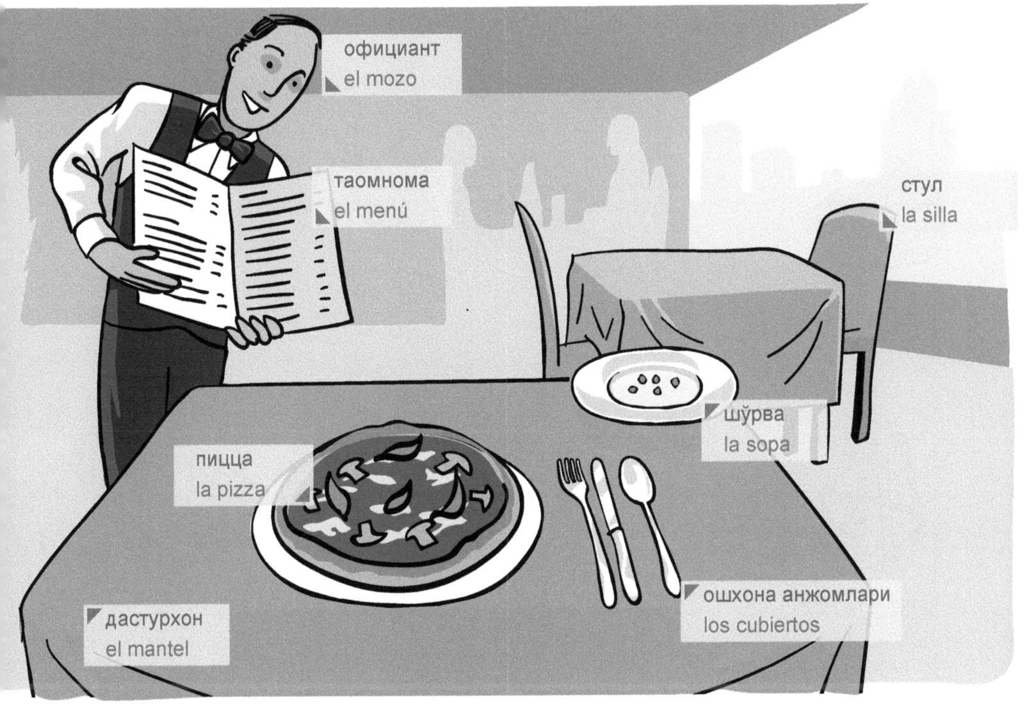
официант
el mozo
таомнома
el menú
стул
la silla
шўрва
la sopa
пицца
la pizza
ошхона анжомлари
los cubiertos
дастурхон
el mantel

газак

la entrada

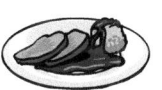

асосий таом

el plato principal

десерт

el postre

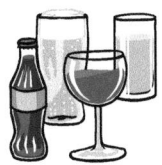

ичимликлар

las bebidas

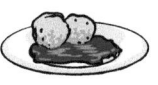

таом

la comida

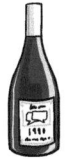

бутилка

la botella

тез пишар таом

la comida rápida

кўча таоми

la comida callejera

чойнак

la tetera

шакардон

la azucarera

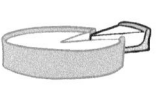

порция

la porción

эспрессо кофе машинаси

la cafetera expreso

болалар курсичаси

la sillita alta

ҳисоб

la cuenta

лаган

la bandeja

пичоқ

el cuchillo

санчқи

el tenedor

қошиқ

la cuchara

чой қошиқ

la cucharita

кўл сочиқ

la servilleta

стакан

el vaso

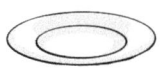

ликоп

el plato

шўрва коса

el plato hondo

тақсимча

el plato

қайла

la salsa

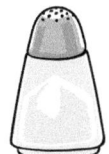

туздон

el salero

қалампир янчгич

el molinillo de pimienta

сирка

el vinagre

ёғ

el aceite

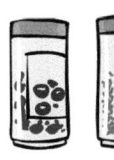

зираворлар

las especias

кетчуп

el kétchup

хантал

la mostaza

майонез

la mayonesa

супермаркет

el supermercado

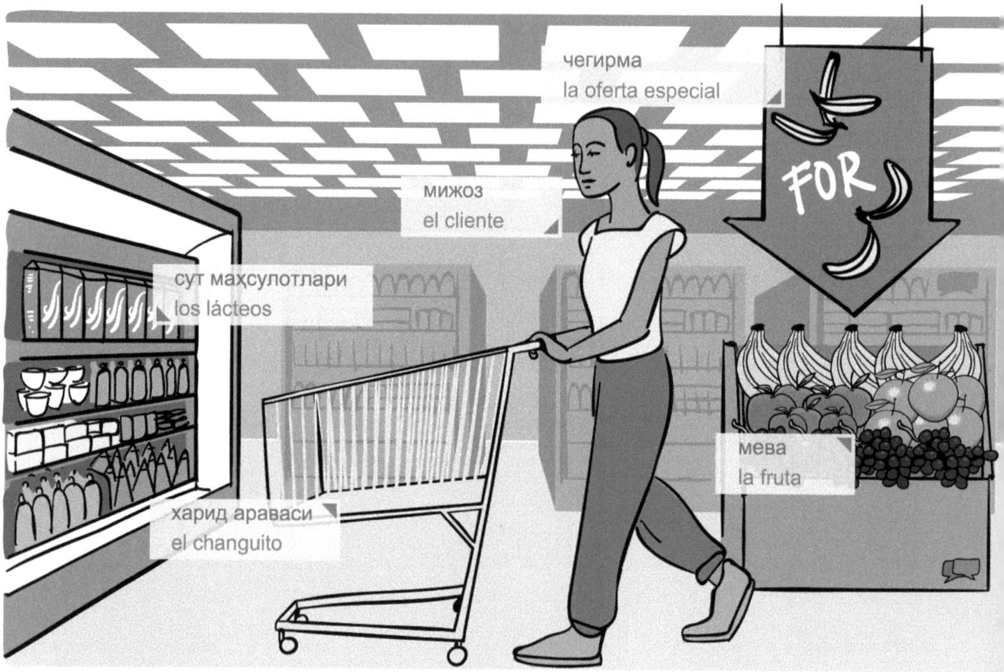

чегирма
la oferta especial
FOR
мижоз
el cliente
сут маҳсулотлари
los lácteos
мева
la fruta
харид араваси
el changuito

BUTCHERS

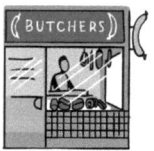

қассобхона

la carnicería

BAKERY

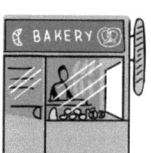

нонвойхона

la panadería

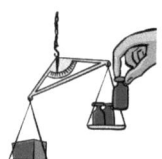

тарозида ўлчамоқ

pesar

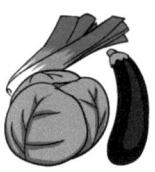

сабзавот

las verduras

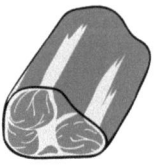

гўшт

la carne

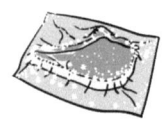

музлатилган таомлар

los alimentos congelados

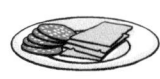
яхна гўшт
los fiambres

консерва
los alimentos enlatados

кир ювиш воситаси
el detergente en polvo

ширинликлар
las golosinas

кундалик истеъмол
моллар
los electrodomésticos

ювиш воситалари
los productos de limpieza

сотувчи
la vendedora

касса аппарати
la caja

ғазначи
el cajero

харид рўйхати
la lista de compras

иш вақти
el horario de atención

ҳамён
la billetera

омонат карта
la tarjeta de crédito

халта
la cartera

целлофан халта
la bolsa de plástico

las bebidas

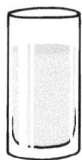

сув

el agua

шарбат

el jugo

сут

la leche

кока-кола

la bebida cola

вино

el vino

пиво

la cerveza

спиртли ичимлик

el alcohol

какао

el cacao

чой

el té

кофе

el café

эспрессо

el café expreso

капучино

el cappuccino

банан

la banana

олмахон

la manzana

апельсин

la naranja

қовун

el melón

лимон

el limón

сабзи

la zanahoria

саримсоқ

el ajo

бамбук

el bambú

пиёз

la cebolla

қўзиқорин

el champiñón

ёнғоқ

las nueces

лағмон

los fideos

спагетти

los tallarines

гуруч

el arroz

салат

la ensalada

картошка-фри

las papas fritas

қовурилган картошка

las papas fritas

пицца

la pizza

гамбургер

la hamburguesa

сэндвич

el sándwich

тўқмоқланган тўш қиймаси

el churrasco

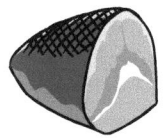

дудланган чўчқа гўшти

el jamón

салями колбасаси

el salame

сосиска

la salchicha

товуқ гўшти

el pollo

қовурилган

el asado

балиқ

el pescado

сули бўтқаси

los copos de avena

мюсли

el muesli

маккажўхори ёрмаси

los copos de maíz

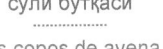

ун

la harina

француз булочкаси

la medialuna

булочка

el pancito

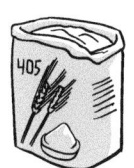

нон

el pan

қизартирилган нон бўлаги

la tostada

пиширик

las galletitas

сариёғ

la manteca

творог

la cuajada

пирог

la torta

тухум

el huevo

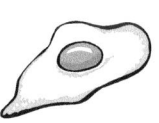

қовурилган тухум

el huevo frito

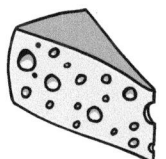

пишлоқ

el queso

таом - la comida

25

музқаймоқ

el helado

шакар

el azúcar

асал

la miel

мураббо

la mermelada

шоколад пастаси

la pasta de chocolate

зарчава

el curry

чорвачилик хўжалиги

la granja

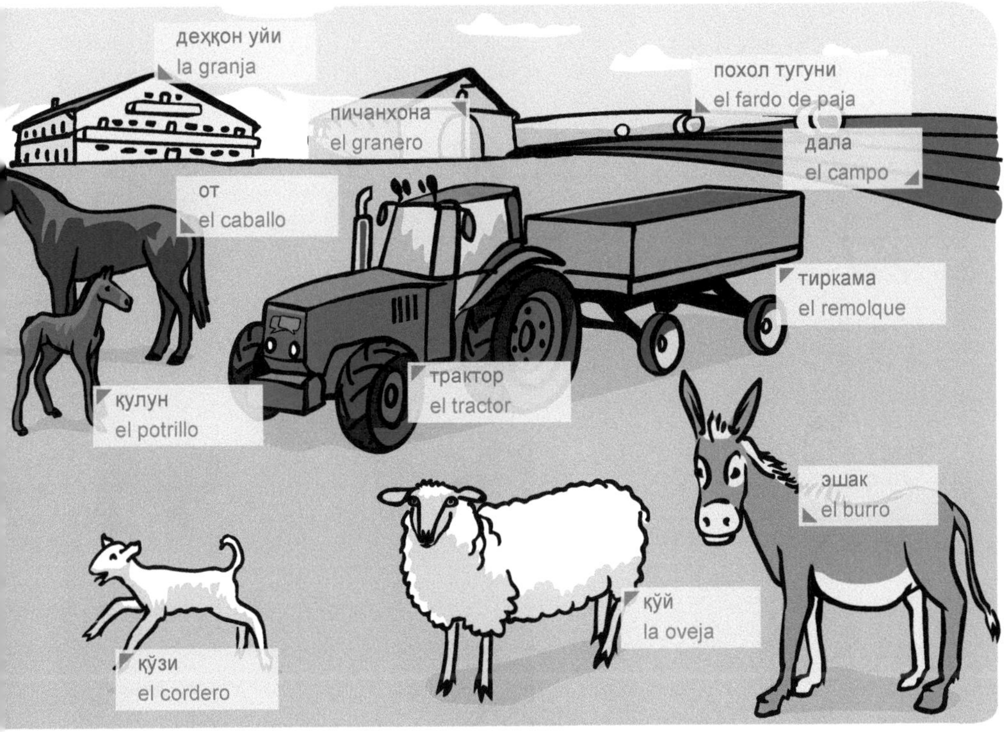
деҳқон уйи
la granja
похол тугуни
el fardo de paja
пичанхона
el granero
дала
el campo
от
el caballo
тиркама
el remolque
трактор
el tractor
қулун
el potrillo
эшак
el burro
қўй
la oveja
қўзи
el cordero

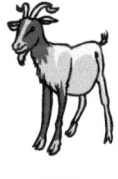

эчки

la cabra

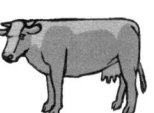

сигир

la vaca

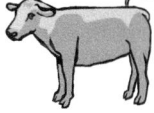

бузоқ

el ternero

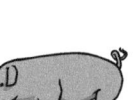

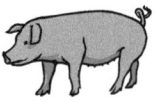

чўчқа

el cerdo

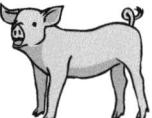

чўчқа боласи

el lechón

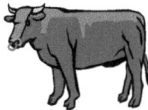

буқа

el toro

ғоз

el ganso

ўрдак

el pato

жўжа

el pollo

товуқ

la gallina

хўроз

el gallo

каламуш

la rata

мушук

el gato

сичқон

el ratón

ҳўкиз

el buey

ит

el perro

каталак

la cucha

ҳовли боғ шланги

la manguera

гулчелак

la regadera

белўроқ

la guadaña

темир омоч

el arado

қўлўроқ

la hoz

чопқи

la azada

паншаха

la horquilla

болта

el hacha

ғалтакарава

la carretilla

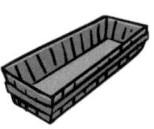

охур

el abrevadero

сут бидони

la lechera

тўрва

la bolsa

панжара

la reja

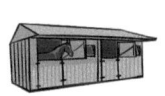

оғилхона

el establo

иссиқхона

el invernadero

тупроқ

el suelo

уруғ

la semilla

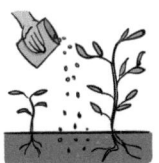

ўғит

el fertilizador

комбайн

la cosechadora

ҳосил олмоқ

cosechar

йиғим-терим

la cosecha

ямс

las batatas

буғдой

el trigo

соя

la soja

картошка

la papa

маккажўхори

el maíz

рапс уруғи

la semilla de colza

мевали дарахт

el árbol frutal

маниок

la mandioca

ёрма

los cereales

уй

la casa

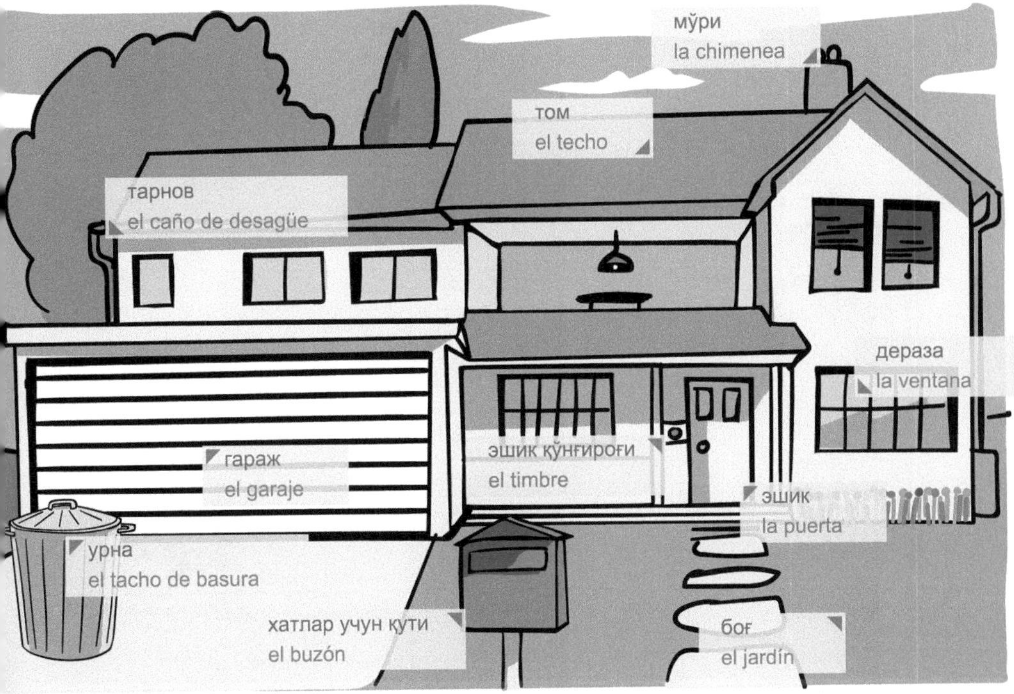
мўри
la chimenea
том
el techo
тарнов
el caño de desagüe
дераза
la ventana
гараж
el garaje
эшик қўнғироғи
el timbre
эшик
la puerta
урна
el tacho de basura
хатлар учун қути
el buzón
боғ
el jardín

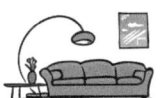

меҳмонхона

el living

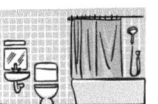

ваннахона

el baño

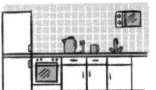

ошхона

la cocina

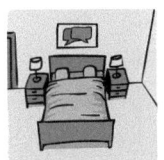

ётоқхона

el dormitorio

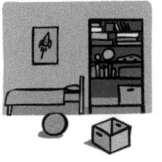

болалар хонаси

el cuarto de los chicos

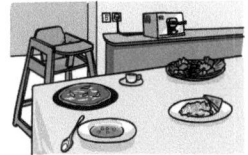

ошхона

el comedor

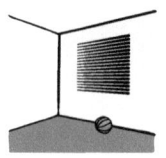

пол

el piso

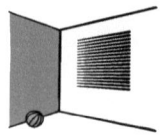

девор

la pared

шип

el cielorraso

подвал

el sótano

сауна

el sauna

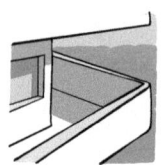

болохона айвони

el balcón

айвон

la terraza

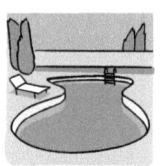

бассейн

la pileta

ўт ўргич машина

la cortadora de pasto

кўрпажилд

la sábana

чойшаб

el acolchado

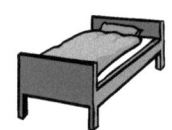

кроват

la cama

супурги

la escoba

пақир

el balde

мурват

el interruptor

мехмонхона

el living

гулқоғоз
el empapelado
сурат
la imagen
чироқ
la lámpara
токча
el estante
жавон
el armario
телевизор
la televisión
ўчоқ
la chimenea
гул
la flor
ёстиқ
el almohadón
диван
el sofá
гулдон
el florero
масофадан бошқариш пульти
el control remoto

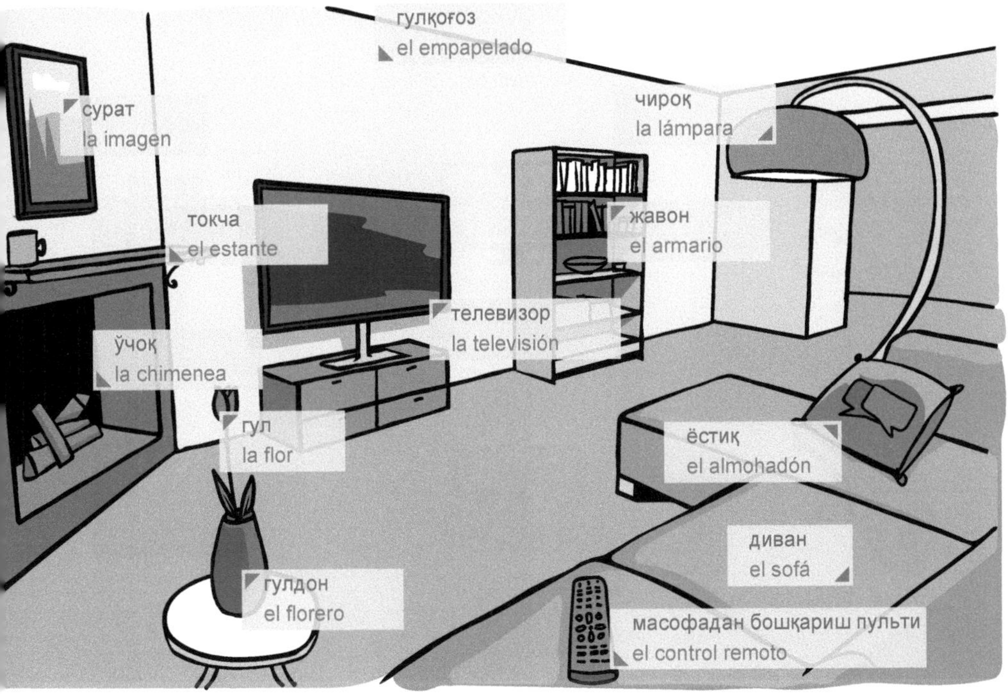

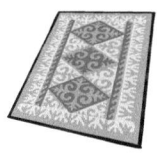

гилам

la alfombra

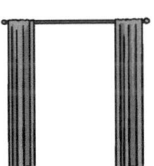

парда

la cortina

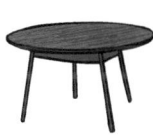

стол

la mesa

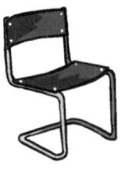

стул

la silla

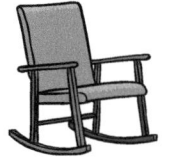

тебранма курси

la mecedora

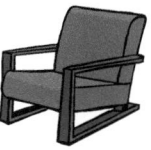

кресло

el sillón

китоб

el libro

кўрпа

la frazada

ҳашам

la decoración

ўтин

la leña

кино

la película

стерео қурилма

el equipo de música

калит

la llave

рўзнома

el diario

расм

la pintura

плакат

el póster

радио

la radio

ён дафтар

el cuaderno

чанг ютгич

la aspiradora

кактус

el cactus

шам

la vela

ошхона
la cocina

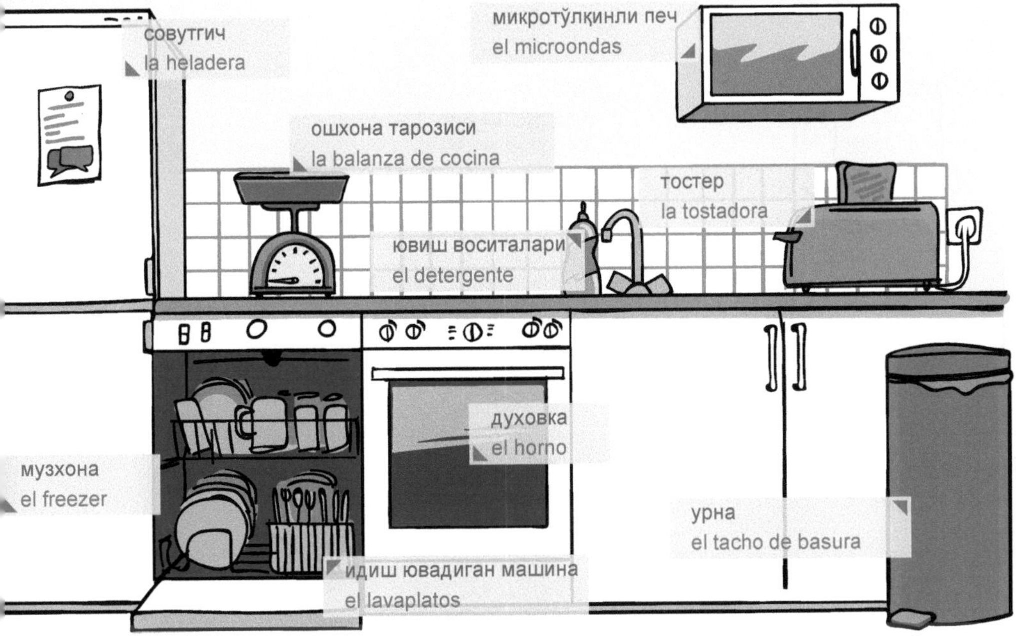
совутгич
la heladera
микротўлқинли печ
el microondas
ошхона тарозиси
la balanza de cocina
тостер
la tostadora
ювиш воситалари
el detergente
духовка
el horno
музхона
el freezer
урна
el tacho de basura
идиш ювадиган машина
el lavaplatos

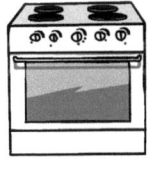

плита
la cocina

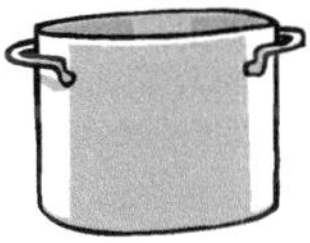
кастрюль
la olla

чўян қозон
la olla de hierro fundido

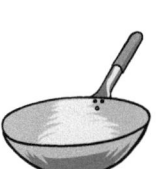

бўртма тубли това
el wok

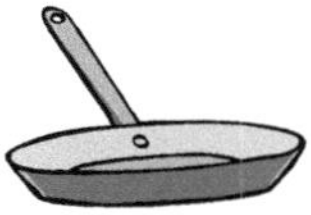
това
la sartén

човгун
la pava

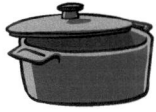

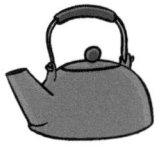

мантиқасқон

la vaporera

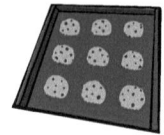

тунука това

la bandeja de horno

идиш

la vajilla

кружка

la taza

коса

el bol

таом ейиш таёқчалари

los palitos

чўмич

el cucharón

куракча

la espátula

кўпиртиргич

la batidora

элак

el colador

элак

el colador

қирғич

el rallador

ҳовонча

el mortero

гриль

la parrilla

олов

la fogata

оштахта

la tabla de picar

жува

el palo de amasar

пармасимон тиқин очгич

el sacacorchos

консерва

la lata

консерва очгич

el abrelatas

тутгич

la manopla

унитаз

la pileta

идиш чўтка

el cepillo

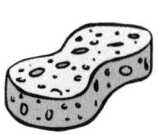

қозонсочиқ

la esponja

қориштиргич

la batidora

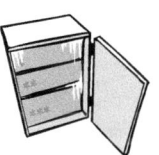

музлатгич

el congelador

сўрғичли чақалоқ
бутилкаси

la mamadera

кран

la canilla

ваннахона

el baño

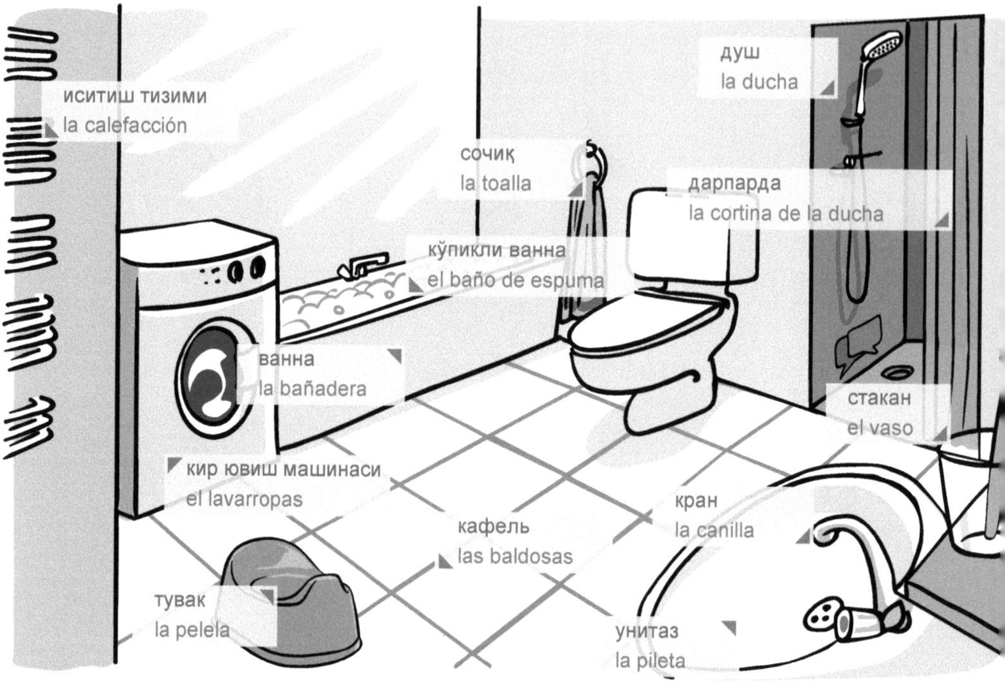

исситиш тизими
la calefacción
душ
la ducha
сочиқ
la toalla
дарпарда
la cortina de la ducha
кўпикли ванна
el baño de espuma
ванна
la bañadera
стакан
el vaso
кир ювиш машинаси
el lavarropas
кран
la canilla
кафель
las baldosas
тувак
la pelela
унитаз
la pileta

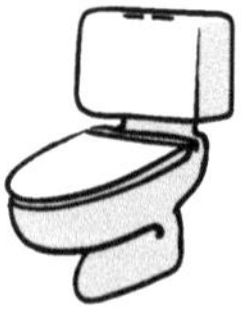

ҳожатхона

el inodoro

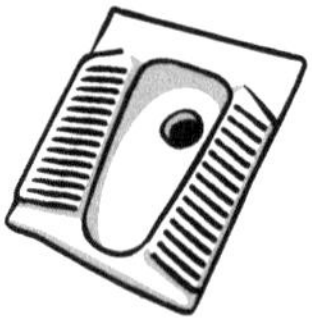

полга ўрнатиладиган унитаз

la letrina

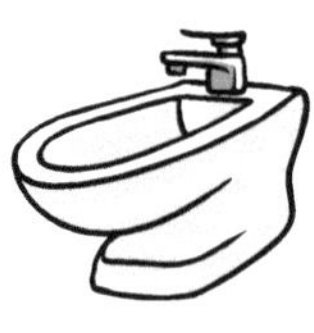

таҳоратдон

el bidé

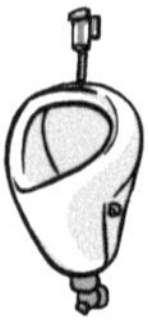

сийдик унитази

el mingitorio

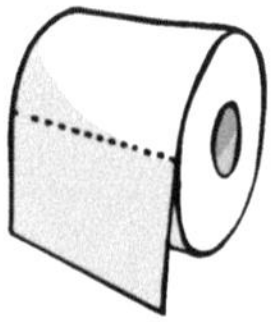

ҳожатхона қоғози

el papel higiénico

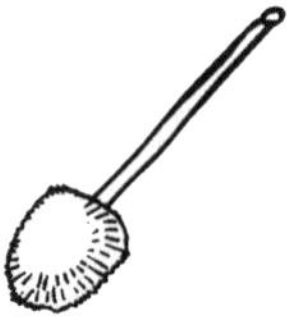

ҳожатхона чўткаси

el cepillo para el inodoro

тиш чўтка

el cepillo de dientes

тиш пастаси

el dentífrico

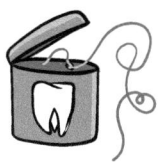

тиш тозалагич ип

el hilo dental

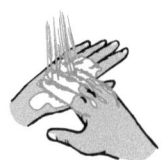

ювмоқ

lavar

дастакли душ

la ducha de mano

таҳорат учун душ

la ducha higiénica

тоғора

la palangana

елка қашлайдиган чўтка

el cepillo para la espalda

совун

el jabón

душ учун гель

el gel de ducha

шампунь

el shampoo

мочалка

la toallita

қувур

el desagüe

крем

la crema

дезодарант

el desodorante

кўзгу

el espejo

қўл кўзгуси

el espejito

устара

la maquinita de afeitar

устара учун кўпик

la espuma de afeitar

салқинлантирувчи бальзам

el aftershave

тароқ

el peine

чўтка

el cepillo

фен

el secador de pelo

соч учун лак

el spray

пардоз-андоз

el maquillaje

лаб учун помада

el lápiz de labios

тирноқ лаки

el esmalte para uñas

пахта

el algodón

тирноқ қайчиси

la tijera para uñas

духи

el perfume

пардоз-андоз халтаси

el portacosméticos

курси

la banqueta

тарози

la balanza

чўмилиш халати

la bata

резина қўлқоп

los guantes de goma

тампон

el tampón

гигиеник таглик

la toallita femenina

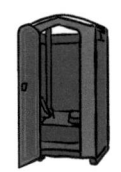

биоҳожатхона

el baño químico

болалар хонаси

el cuarto de los chicos

бонг соат
el despertador
юмшоқ ўйинчоқ
el peluche
ўйинчоқ машина
el coche de juguete
шақилдоқ
el sonajero
қўғирчоқ уй
la casa de muñecas
совға
el regalo

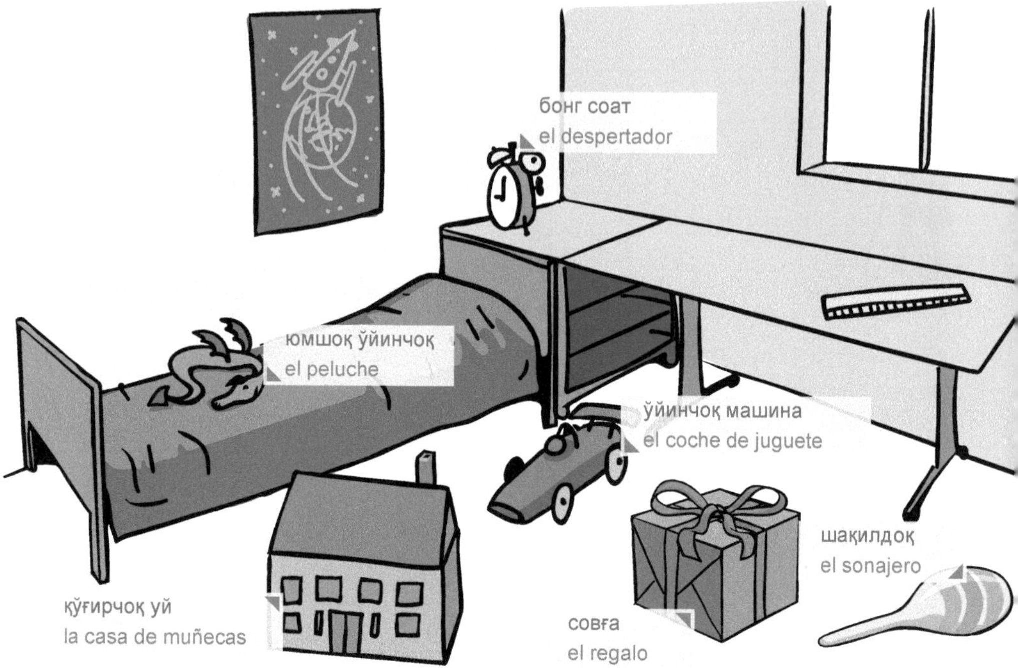

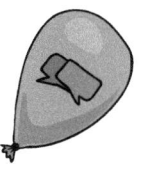

шар

el globo

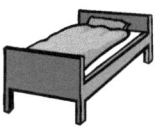

кроват

la cama

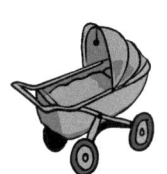

болалар аравачаси

el cochecito

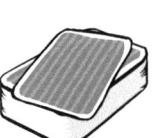

карта тўплами

las cartas

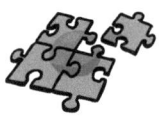

терма тасвир

el rompecabezas

кулгили саҳна асари

la historieta

лего ғиштлари

las piezas de lego

ўйинчоқ кубиклар

los ladrillos de juguete

ўйинчоқ қаҳрамон

la figura de acción

ползунка

el enterito (de bebé)

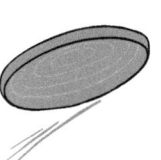

учар ликопча

el frisbee

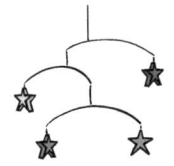

осма шақилдоқ

el móvil para bebés

стол ўйини

el juego de mesa

ошиқ

los dados

поезд макети

el tren eléctrico

сўрғич

el chupete

ўтириш

la fiesta

расмли китоб

el libro de cuentos ilustrado

копток

la pelota

қўғирчоқ

la muñeca

ўйнамоқ

jugar

қумдон

el arenero

арғимчоқ

la hamaca

ўйинчоқлар

los juguetes

ўйин приставкаси

la consola de videojuegos

уч ғилдиракли велосипед

el triciclo

бахмал айиқ

el osito de peluche

кийим шкафи

el armario

кийим

la ropa

пайпоқ

las medias

чулки

las medias panty

колготка

las calzas

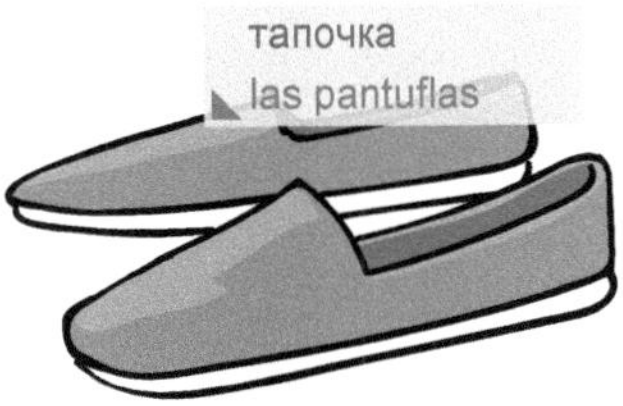

шарф
la bufanda

соябон
el paraguas

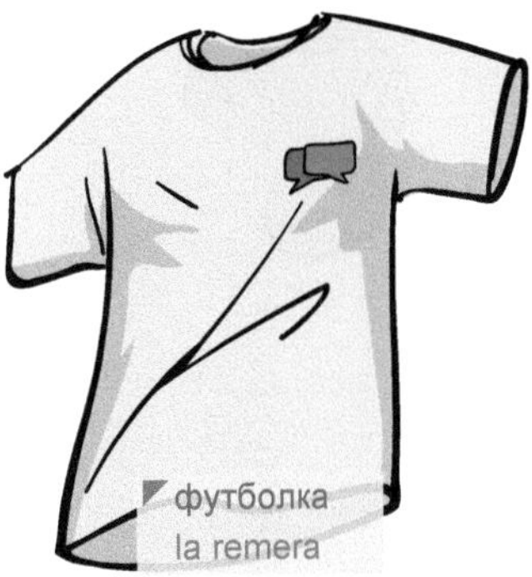

футболка
la remera

камар
el cinturón

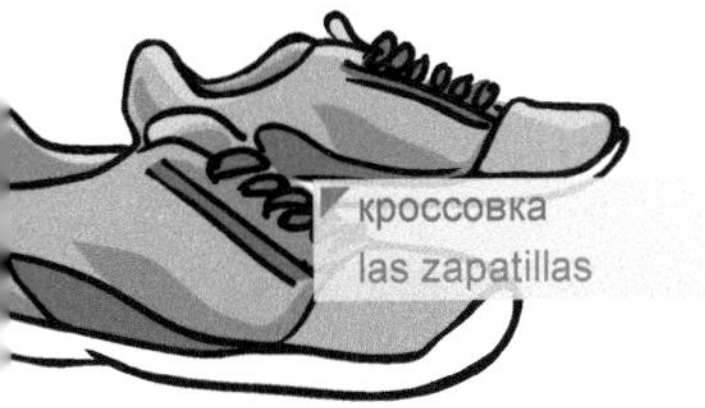

ботинка
las botas

тапочка
las pantuflas

кроссовка
las zapatillas

шиппак
....
las sandalias

туфли
....
los zapatos

резина этик
....
las botas de goma

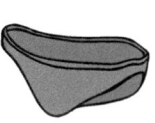

тор турсик
....
la ropa interior

кўкракпеч
....
el corpiño

майка
....
el chaleco

боди

el body

иштон

los pantalones

жинси

los jeans

юбка

la pollera

кофта

la blusa

кўйлак

la camisa

жемпер

el pulóver

узун чакмон

el buzo

спорт бичимидаги пиджак

el blazer

куртка

la campera

пальто

el tapado

плаш

el piloto

либос

el traje

кўйлак

el vestido

келин кўйлак

el vestido de novia

костюм шим

el traje

тунги кўйлак

el camisón

пижама

el pijama

сари

el sari

шолрўмол

el pañuelo para la cabeza

салла

el turbante

паранжи

la burka

чакмон

el caftán

абая

la abaya

чўмилиш костюми

el traje de baño

турсик

el short de baño

шортик

los shorts

спорт костюми

el jogging

фартук

el delantal

кўлқоп

los guantes

тугма

el botón

кўзойнак

los anteojos

билагузук

la pulsera

мунчоқ

el collar

узук

el anillo

сирға

el aro

кепка

la gorra

пальто илгак

la percha

шляпа

el sombrero

бўйинбоғ

la corbata

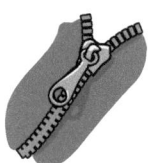

замок

el cierre

дубулға

el casco

шим тортгич

los tiradores

мактаб формаси

el uniforme escolar

форма

el uniforme

ошхўрак

el babero

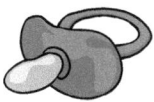

сўрғич

el chupete

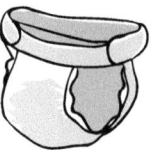

таглик

el pañal

идора
la oficina

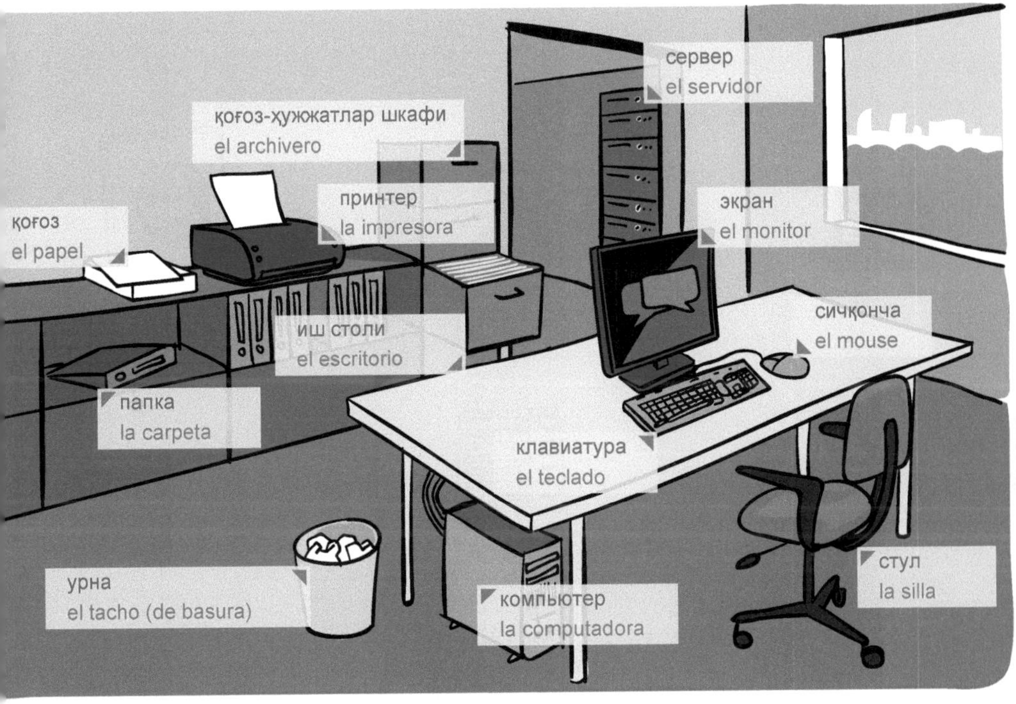

сервер
el servidor

қоғоз-хужжатлар шкафи
el archivero

принтер
la impresora

экран
el monitor

қоғоз
el papel

иш столи
el escritorio

сичқонча
el mouse

папка
la carpeta

клавиатура
el teclado

урна
el tacho (de basura)

стул
la silla

компьютер
la computadora

кофе кружкаси

la taza de café

калькулятор

la calculadora

интернет

el internet

ноутбук

la laptop

хат

la carta

мактуб

el mensaje

уяли телефон

el celular

тармоқ

la red

нусха кўчиргич

la fotocopiadora

дастур

el software

телефон

el teléfono

розетка

el tomacorriente

факс

el fax

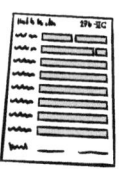

шакллар

el formulario

ҳужжат

el documento

харид қилмоқ

comprar

тўламоқ

pagar

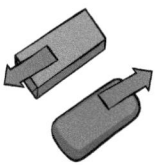

савдолашмоқ

hacer negocios

пул

el dinero

доллар

el dólar

евро

el euro

йен

el yen

рубль

el rublo

швейцар франки

el franco suizo

эньминьби хитой юани

el yuan

рупи

la rupia

банкомат

el cajero automático

пул айирбошлаш
шаҳобчаси
la casa de cambio

олтин
el oro

кумуш
la plata

нефт
el petróleo

энергия
la energía

нарх
el precio

шартнома
el contrato

солиқ
el impuesto

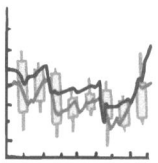

акция
la acción

ишламоқ
trabajar

ишчи
el empleado

иш берувчи
el empleador

завод
la fábrica

дўкон
el negocio

полициячи
el policía

ўт ўчирувчи
el bombero

ошпаз
el cocinero

шифокор
el médico

учувчи
el piloto

боғбон

el jardinero

дурадгор

el carpintero

тикувчи

la modista

ҳакам

el juez

кимёгар

el farmacéutico

актёр

el actor

автобус ҳайдовчиси

el colectivero

такси ҳайдовчи

el taxista

балиқчи

el pescador

фаррош

la mucama

том устаси

el techista

официант

el mozo

овчи

el cazador

бўёқчи

el pintor

нонвой

el panadero

электр устаси

el electricista

қурувчи

el albañil

муҳандис

el ingeniero

қассоб

el carnicero

сувчи чилангар

el plomero

почтачи

el cartero

аскар
....
el soldado

меъмор
....
el arquitecto

ғазначи
....
el cajero

гулчи
....
el florista

сартарош
....
el peluquero

чиптачи
....
el cobrador

механик
....
el mecánico

капитан
....
el capitán

тиш шифокори
....
el dentista

олим
....
el científico

яхудийлар руҳонийси
....
el rabino

имом
....
el imán

роҳиб
....
el monje

руҳоний
....
el sacerdote

асбоблар
las herramientas

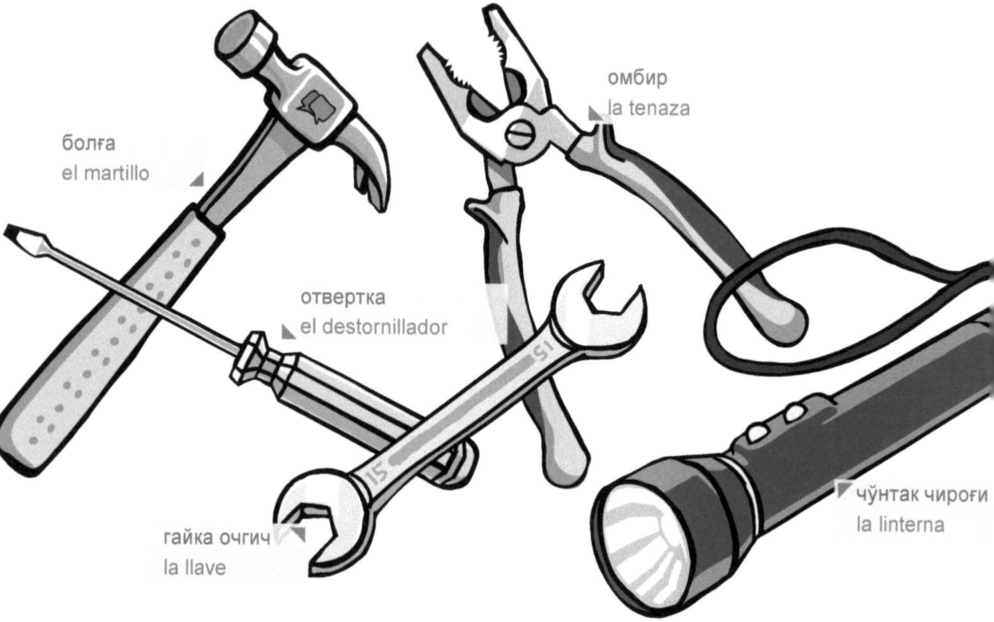
болға
el martillo
омбир
la tenaza
отвертка
el destornillador
гайка очгич
la llave
чўнтак чироғи
la linterna

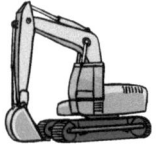

экскаватор
la excavadora

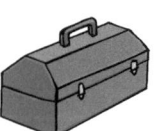

асбоблар қутиси
la caja de herramientas

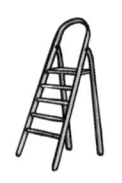

нарвон
la escalera portátil

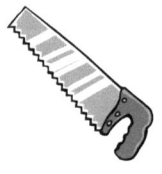

қўларра
la sierra

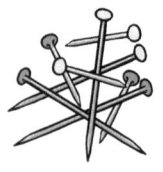

мих
los clavos

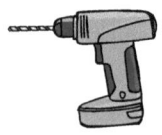

пармадаста
el taladro

тузатмоқ

arreglar

белкурак

la pala de jardín

Жин урсин!

¡Qué bronca!

хокандоз

la pala de plástico

бўёқ идиш

el tacho de pintura

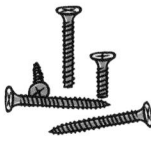

бурама мих

los tornillos

мусиқа асбоблари

los instrumentos musicales

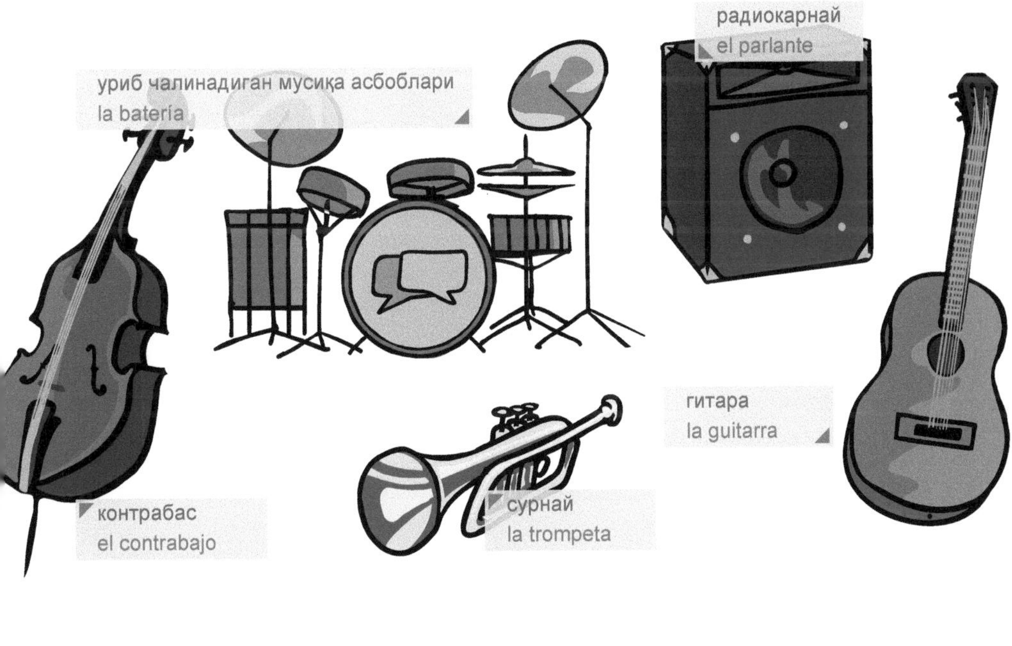

уриб чалинадиган мусиқа асбоблари
la batería

радиокарнай
el parlante

гитара
la guitarra

контрабас
el contrabajo

сурнай
la trompeta

пианино

el piano

ғижжак

el violín

бас-гитара

el bajo

қўшноғора

los timbales

дўмбира

el tambor

клавиатура

el teclado

саксофон

el saxofón

най

la flauta

микрофон

el micrófono

ҳайвонот боғи

el zoológico

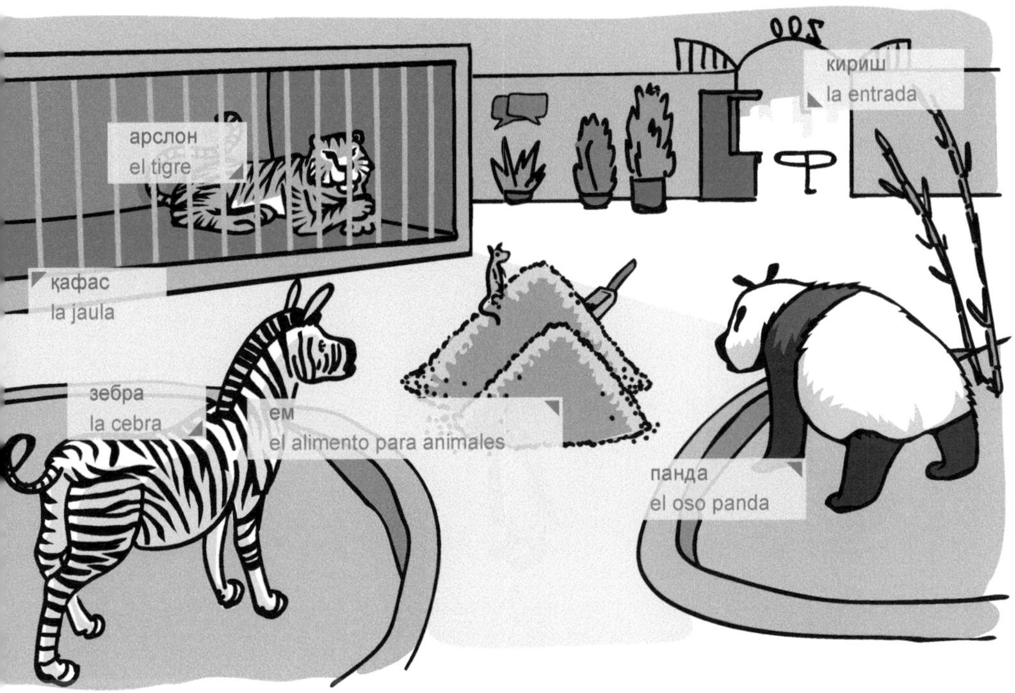

кириш
la entrada
арслон
el tigre
қафас
la jaula
зебра
la cebra
ем
el alimento para animales
панда
el oso panda

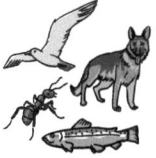

ҳайвонлар

los animales

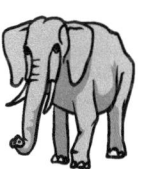

фил

el elefante

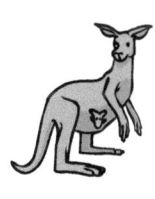

кенгуру

el canguro

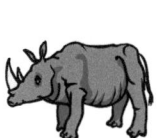

каркидон

el rinoceronte

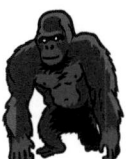

горилла

el gorila

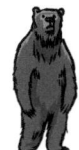

айиқ

el oso

туя
....
el camello

туяқуш
....
el avestruz

шер
....
el león

маймун
....
el mono

фламинго
....
el flamenco

тўти
....
el loro

оқ айиқ
....
el oso polar

пингвин
....
el pingüino

акула
....
el tiburón

товус
....
el pavo real

илон
....
la serpiente

тимсоҳ
....
el cocodrilo

ҳайвонот боғи қоровули
....
el cuidador del zoológico

тюлень
....
la foca

ягуар
....
el jaguar

тӯпичоқ от

el poni

қоплон

el leopardo

бегемот

el hipopótamo

жирафа

la jirafa

бургут

el águila

эркак чӯчқа

el jabalí

балиқ

el pescado

тошбақа

la tortuga

морж

la morsa

тулки

el zorro

оху

la gacela

ҳайвонот боғи - el zoológico

америка футболи
el fútbol americano

велосипед ҳайдаш
el ciclismo

теннис
el tenis

баскетбол
el básquet

сузиш
la natación

бокс
el boxeo

муз хоккейи
el hockey sobre hielo

футбол
el fútbol

бадминтон
el bádminton

енгил атлетика
el atletismo

қўлтўпи
el handball

чанғи учиш
el esquí

поло
el polo

сакрамоқ
saltar

кучмоқ
abrazar

кулмоқ
reír

юрмоқ
caminar

куйламоқ
cantar

ҳаёл қилмоқ
soñar

ибодат қилмоқ
rezar

ўпмоқ
besar

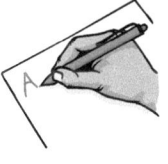

ёзмоқ

escribir

чизмоқ

dibujar

кўрсатмоқ

mostrar

итармоқ

presionar

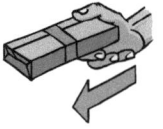

бермоқ

dar

олмоқ

tomar

эга бўлмоқ

tener

бажармоқ

hacer

бўлмоқ

ser

турмоқ

estar parado

югурмоқ

correr

тортмоқ

tirar

улоқтирмоқ

tirar

йиқилмоқ

caer

алдамоқ

estar acostado

кутмоқ

esperar

ташимоқ

llevar

ўтирмоқ

estar sentado

кийинмоқ

vestirse

ухламоқ

dormir

уйғонмоқ

despertar

қарамоқ

mirar

йиғламоқ

llorar

зарба бермоқ

acariciar

тарамоқ

peinar

гаплашмоқ

hablar

тушунмоқ

entender

сўрамоқ

preguntar

тингламоқ

escuchar

ичмоқ

beber

емоқ

comer

йиғиштирмоқ

ordenar

севмоқ

amar

пиширмоқ

cocinar

ҳайдамоқ

manejar

учмоқ

volar

кемада сузмоқ

navegar

ҳисобламоқ

calcular

ўқимоқ

leer

ўрганмоқ

aprender

ишламоқ

trabajar

турмуш қурмоқ

casarse

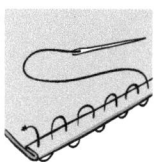

тикмоқ

coser

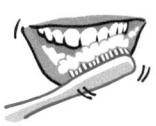

тиш ювмоқ

cepillarse los dientes

ўлдирмоқ

matar

чекмоқ

fumar

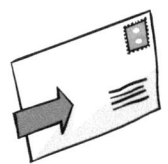

йўлламоқ

enviar

буви
la abuela

бува
el abuelo

ота
el padre

она
la madre

чақалоқ
el bebé

қиз
la hija

ўғил
el hijo

мехмон

el invitado

амма

la tía

тоға

el tío

ака

el hermano

опа

la hermana

тана

el cuerpo

пешона
la frente
кўз
el ojo
елка
el hombro
бармоқ
el dedo
юз
la cara
ияк
la pera
қўл панжалари
la mano
оёқ
la pierna
кўкрак
el pecho
қўл
el brazo

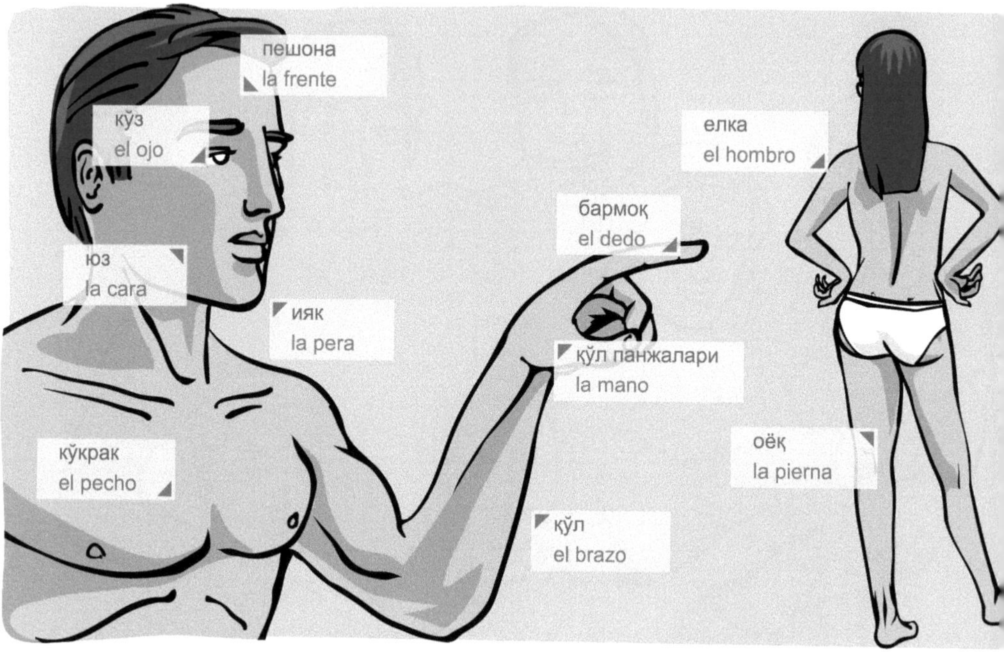

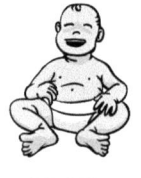

чақалоқ

el bebé

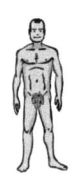

одам

el hombre

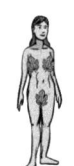

аёл

la mujer

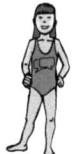

қиз бола

la nena

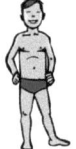

ўғил бола

el nene

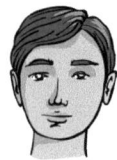

бош

la cabeza

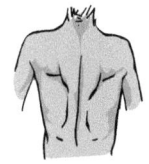

орқа
....
la espalda

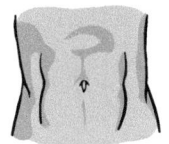

қорин
....
la panza

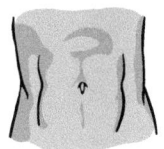

киндик
....
el ombligo

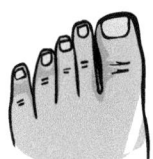

оёқ панжаси
....
el dedo del pie

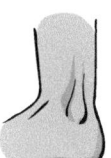

товон
....
el talón

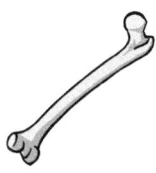

суяк
....
el hueso

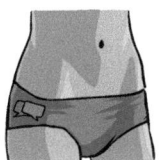

бел
....
la cadera

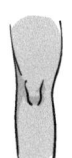

тизза
....
la rodilla

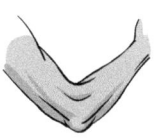

тирсак
....
el codo

бурун
....
la nariz

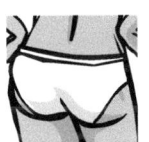

думба
....
la cola

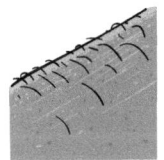

тери
....
la piel

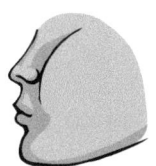

яноқ
....
el cachete

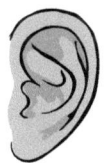

қулоқ
....
la oreja

лаб
....
el labio

оғиз

la boca

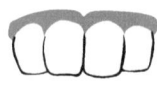

тиш

el diente

тил

la lengua

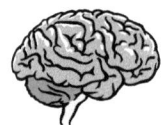

мия

el cerebro

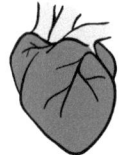

юрак

el corazón

мушак

el músculo

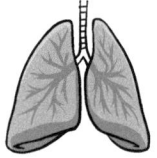

ўпка

el pulmón

жигар

el hígado

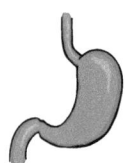

ошқозон

el estómago

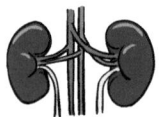

буйрак

los riñones

жинсий алоқа

el sexo

презерватив

el preservativo

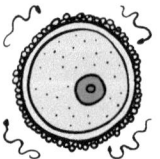

тухум ҳўжайра

el óvulo

уруғ

el semen

ҳомиладорлик

el embarazo

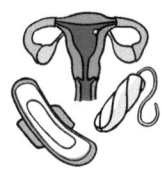

ҳайз

la menstruación

бачадон

la vagina

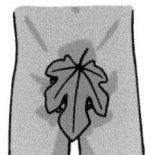

олат

el pene

қош

la ceja

соч

el pelo

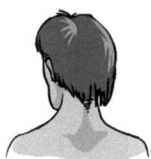

бўйин

el cuello

шифохона

el hospital

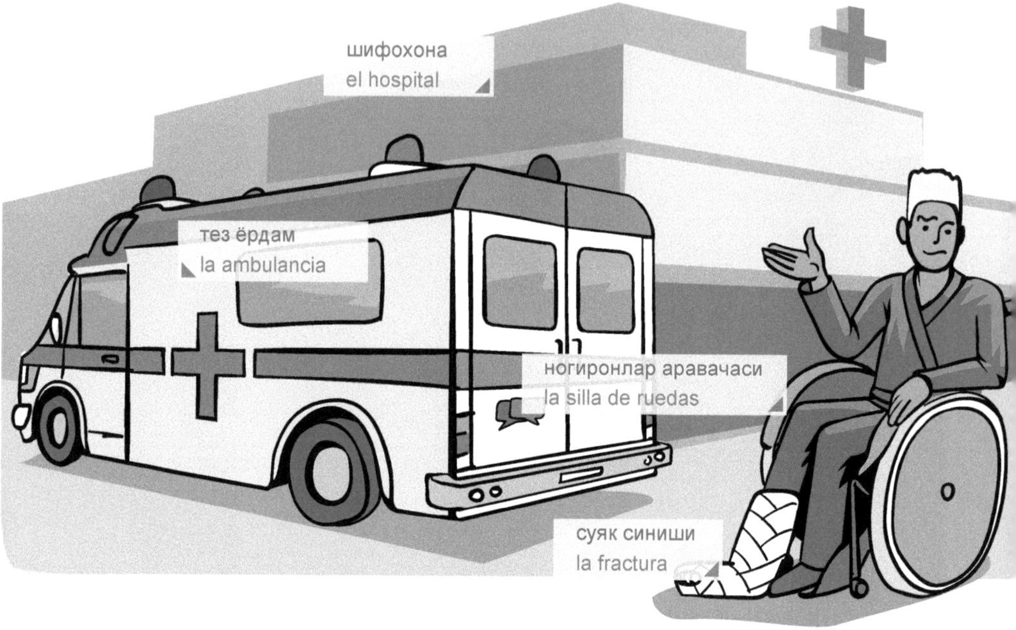

шифохона
el hospital
тез ёрдам
la ambulancia
ногиронлар аравачаси
la silla de ruedas
суяк синиши
la fractura

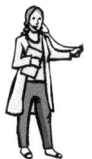

шифокор

el médico

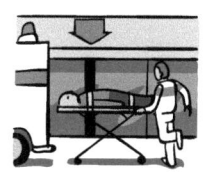

Шошилинч тиббий ёрдам кўрсатиш бўлими

la sala de guardia

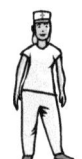

ҳамшира

la enfermera

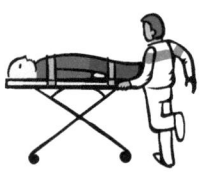

тез ёрдам

la emergencia

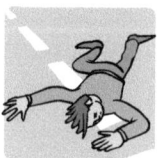

ҳушсизлик

inconsciente

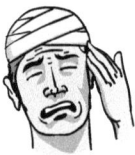

оғриқ

el dolor

жароҳат
....
la lesión

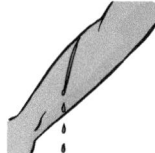

қонаш
....
la hemorragia

юрак хуружи
....
el infarto

инсульт
....
el ACV

аллергия
....
la alergia

йўтал
....
la tos

иситма
....
la fiebre

тумов
....
la gripe

ич кетиш
....
la diarrea

бош оғриғи
....
el dolor de cabeza

саратон касали
....
el cáncer

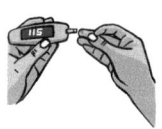

қандли диабет
....
la diabetes

жарроҳ
....
el cirujano

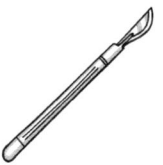

жарроҳ пичоғи
....
el bisturí

жарроҳлик амалиёти
....
la operación

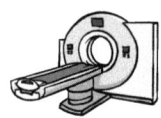

томография

la TC

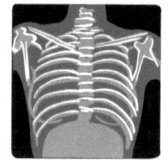

рентген

los rayos x

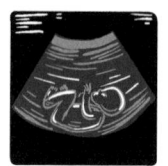

ултратовуш текшируви

la ecografía

юз ниқоби

el barbijo

касаллик

la enfermedad

қабулхона

la sala de espera

қўлтиқтаёқ

la muleta

малҳамли пластир

la curita

бинт

la venda

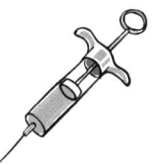

укол

la inyección

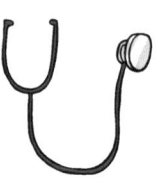

юрак урушини ва ўпкани
эшитиб кўрадиган асбоб

el estetoscopio

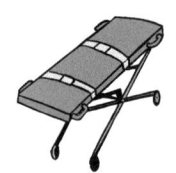

беморлар учун замбил

la camilla

термометр

el termómetro

туғруқ

el nacimiento

семизлик

el sobrepeso

эшитиш мосламаси

el audífono

дезинфекцияловчи восита

el desinfectante

инфекция

la infección

вирус

el virus

ОИВ / ОИТС

el VIH / SIDA

дори

el remedio

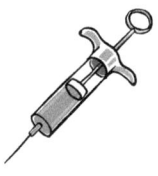

эмлаш

la vacunación

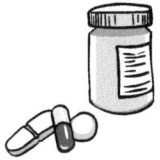

таблетка

los comprimidos

дори

la pastilla anticonceptiva

тез ёрдам қўнғироғи

llamada de emergencia

қон босимини ўлчаш асбоби

el tensiómetro

касал / соғлом

enfermo / sano

Ёрдам берииглар!

¡Ayuda!

хавф-хатар ишораси

la alarma

тажовуз

la agresión

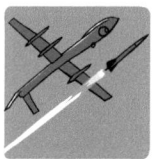

хужум

el ataque

хавф

el peligro

фавкулодда ҳолатларда чиқиш эшиги

la salida de emergencia

Ёнғин!

¡Fuego!

ўт ўчиргич

el matafuego

фалокат

el accidente

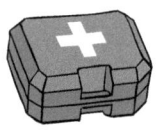

биринчи тиббий ёрдам тўплами

el botiquín de primeros auxilios

фалокат сигнали

el SOS

полиция

la policía

Европа

Europa

Шимолий Америка

América del Norte

Жанубий Америка

América del Sur

Африка

África

Осиё

Asia

Австралия

Australia

Атлантик океани

el Atlántico

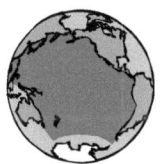

Тинч океани

el Pacífico

Ҳинд океани

el Océano Índico

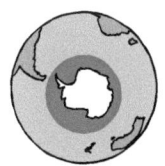

Антарктида океани

el Océano Antártico

Арктика океани

el Océano Ártico

Шимолий қутб

el polo norte

Жанубий қутб

el polo sur

Антарктика

la Antártida

Ер

la Tierra

ўлка

la tierra

денгиз

el mar

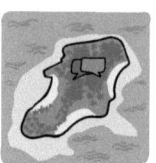

орол

la isla

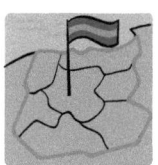

миллат

la nación

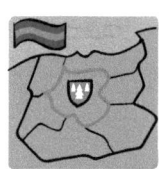

давлат

el estado

астрономик вақт кўрсатгичи

la esfera

соат мили

la manecilla de las horas

дақиқа мили

el minutero

сония мили

el segundero

Соат неча?

¿Qué hora es?

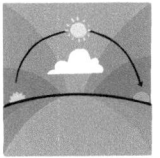

кун

el día

вақт

la hora

ҳозир

ahora

рақамли соат

el reloj digital

дақиқа

el minuto

соат

la hora

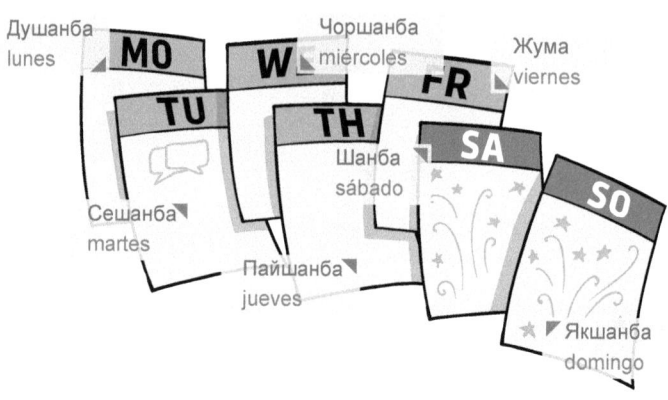

Душанба — lunes
Чоршанба — miércoles
Жума — viernes
Сешанба — martes
Пайшанба — jueves
Шанба — sábado
Якшанба — domingo

кеча
ayer

бугун
hoy

эртага
mañana

эрталаб
la mañana

пешин
el mediodía

кечкурун
la tarde

иш кунлари
los días hábiles

дам олиш кунлари
el fin de semana

йил
el año

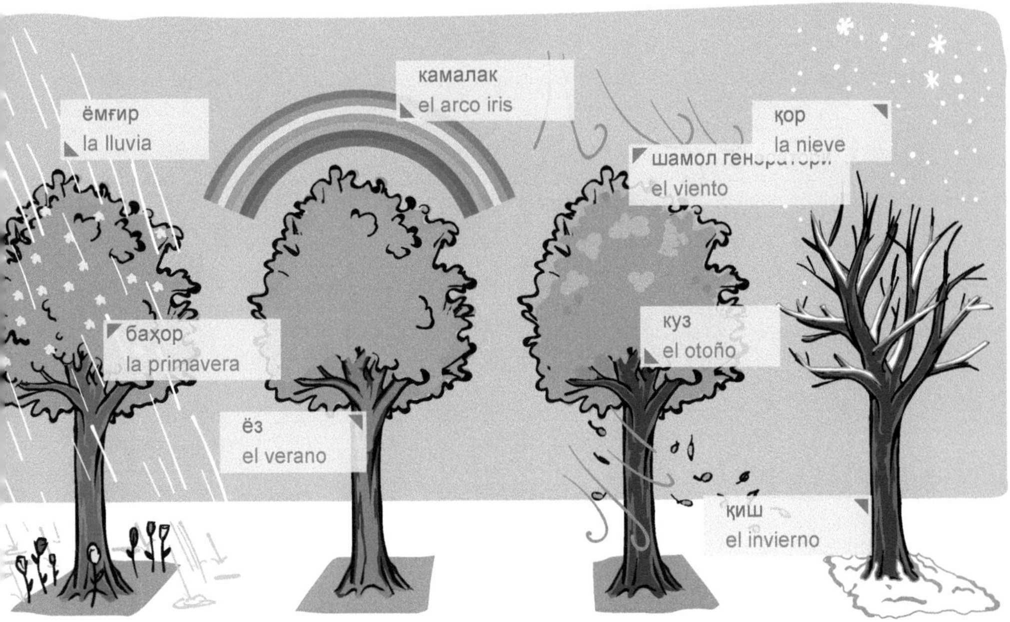
ёмғир
la lluvia
камалак
el arco iris
қор
la nieve
шамол
el viento
баҳор
la primavera
ёз
el verano
куз
el otoño
қиш
el invierno

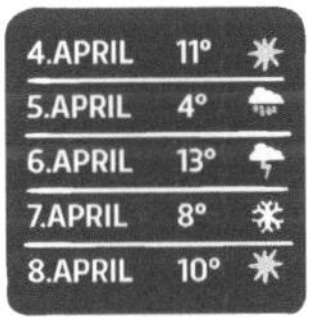
4.APRIL 11°
5.APRIL 4°
6.APRIL 13°
7.APRIL 8°
8.APRIL 10°

об-ҳаво маълумоти

pronóstico meteorológico

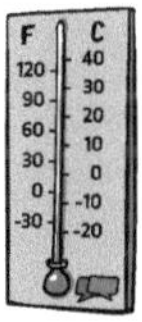
F C
120 40
90 30
60 20
30 10
0 0
-30 -10
-20

термометр

el termómetro

қуёшли

la luz del sol

булут

la nube

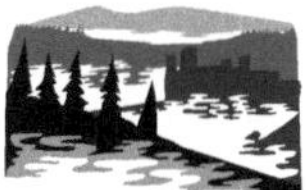

туман

la niebla

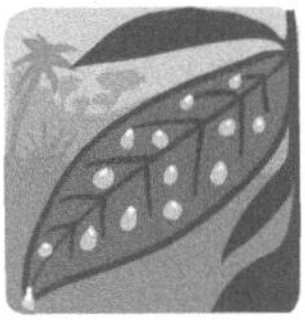

намгарчилик

la humedad

чақмоқ

el rayo

момоқалдироқ

el trueno

бўрон

la tormenta

дўл

el granizo

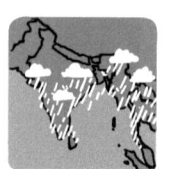

намгарчилик мавсуми

el monzón

тошқин

la inundación

муз

el hielo

Январь

enero

Февраль

febrero

Март

marzo

Апрель

abril

Май

mayo

Июнь

junio

Июль

julio

Август

agosto

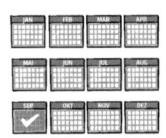

Сентябрь

septiembre

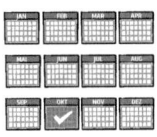

Октябрь

octubre

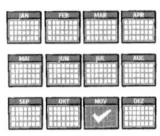

Ноябрь

noviembre

Декабрь

diciembre

шакллар
las formas

айлана

el círculo

квадрат

el cuadrado

тӯртбурчак

el rectángulo

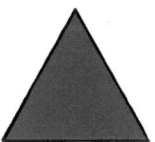

учбурчак

el triángulo

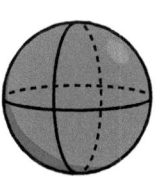

доира

la esfera

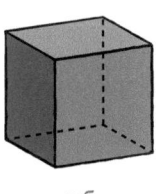

куб

el cubo

ранглар
colores

ок

blanco

сариқ

amarillo

сабзи ранг

naranja

пушти

rosa

қизил

rojo

тўқ қизил

violeta

кўк

azul

яшил

verde

жигар ранг

marrón

кул ранг

gris

қора

negro

кўп / оз

mucho / poco

ғазабли / хотиржам

enojado / tranquilo

гўзал / хунук

lindo / feo

боши / охири

el principio / el fin

катта / кичик

grande / chico

ёруғ / қоронғу

claro / oscuro

ака / сингил

el hermano / la hermana

тоза / ифлос

limpio / sucio

тўлиқ / чала

completo / incompleto

кун / тун

el día / la noche

ўлик / тирик

muerto / vivo

кенг / тор

ancho / angosto

еса бўладиган / еса
бўлмайдиган

comestible / no comestible

ёвуз / хайрли

malo / amable

ҳаяжонли / зерикарли

entusiasmado / aburrido

семиз / озғин

gordo / flaco

биринчи / охирги

primero / último

дўст / душман

el amigo / el enemigo

тўла / бўш

lleno / vacío

қаттиқ / юмшоқ

duro / blando

оғир / енгил

pesado / liviano

очлик / чанқов

el hambre / la sed

касал / соғлом

enfermo / sano

ноқонуний / қонуний

ilegal / legal

зиёли / калтафаҳм

inteligente / estúpido

чап / ўнг

izquierda / derecha

яқин / узоқ

cerca / lejos

янги / ишлатилган

nuevo / usado

ҳеч нарса / бир нарса

nada / algo

қари / ёш

viejo / joven

ёниқ / ўчиқ

encendido / apagado

очиқ / ёпиқ

abierto / cerrado

паст / баланд

silencioso / ruidoso

бой / камбағал

rico / pobre

тўғри / нотўғри

correcto / incorrecto

нотекис / текис

áspero / suave

хафа / хурсанд

triste / contento

қисқа / узун

corto / largo

секин / тез

lento / rápido

нам / қуруқ

mojado / seco

илиқ / салқин

caliente / frío

уруш / тинчлик

guerra / paz

рақамлар
los números

0

ноль

cero

1

бир

uno

2

икки

dos

3

уч

tres

4

тўрт

cuatro

5

беш

cinco

6

олти

seis

7

етти

siete

8

саккиз

ocho

9

тўққиз

nueve

10

ўн

diez

11

ўн бир

once

12

ўн икки

doce

13

ўн уч

trece

14

ўн тўрт

catorce

15

ўн беш

quince

16

ўн олти

dieciséis

17

ўн етти

diecisiete

18

ўн саккиз

dieciocho

19

ўн тўққиз

diecinueve

20

йигирма

veinte

100

юз

cien

1.000

минг

mil

1.000.000

миллион

el millón

тиллар

los idiomas

Инглиз

el inglés

Америкача инглиз тили

el inglés americano

Хитой тилининг Мандарин лаҳчаси

el chino mandarín

Ҳинд

el hindi

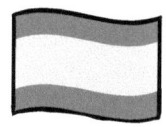

Испан

el español

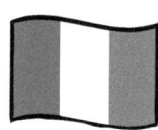

Француз

el francés

Араб

el árabe

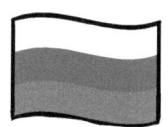

Рус

el ruso

Португал

el portugués

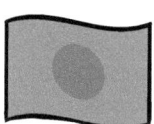

Бенгал

el bengalí

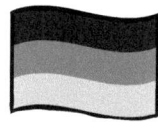

Немис

el alemán

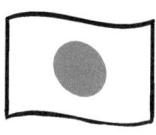

Япон

el japonés

Мен

yo

Сен

vos

♂ ♀ ○

у / у / у

él / ella

биз

nosotros

сизлар

ustedes

улар

ellos

ким?

¿quién?

нима?

¿qué?

қандай?

¿cómo?

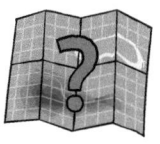

қаерда?

¿dónde?

қачон?

¿cuándo?

HELLO, I AM

исм

el nombre

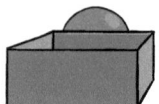

оркада

detrás

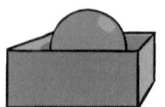

ичида

en

олдида

adelante de

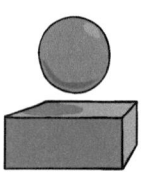

узра

por encima de

устида

sobre

тагида

debajo de

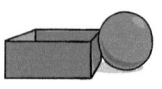

ёнида

al lado de

ўртасида

entre

жой

el lugar